Notizbuch fürs Wesentliche
Ein Werk der Lachenden Gesichter

Michael Duftschmid
Sabine Gistl
Wolf Schneider
Isabella Sonntag

WU-WEI-Verlag

Die Deutsche Bibliothek – CIP-Einheitsaufnahme
Notizbuch fürs Wesentliche : ein Werk der lachenden Gesichter /
Michael Duftschmid ...- Schönberg : WU-WEI-Verl., 1999
ISBN 3-930953-03-X

Notizbuch fürs Wesentliche
Autor: Wolf Schneider
Herausgeber: Isabella Sonntag
Umschlaggestaltung & Art Direction: Sabine Gistl
Photos: Michael Duftschmid
Litho: connecting people • Starnberg

© Copyright by WU-WEI-Verlag, 82401 Schönberg, 1999
Alle Rechte vorbehalten

ISBN 3-930953-03-X

3. Auflage 2003 · Printed in Germany, Himmer Druckerei & Verlag, Augsburg

Liebe Leserinnen und Leser,

was ist wesentlich? Für die eine ist es dies, für den anderen das. Wir haben uns gedacht, daß Sie wohl am besten selbst wissen, was für Sie wesentlich ist und haben deshalb in diesem Buch viel Freiraum gelassen für Ihre eigenen Eintragungen. Und wir meinen:
Gerade der Freiraum ist wesentlich! Ein Leben, das vollgestopft ist mit Themen und Problemen, die letztlich nicht Ihre eigenen sind, läuft Gefahr am Wesentlichen vorbeizugehen.

Für dieses Buch haben sich vier Menschen zusammengetan, zwei Männer und zwei Frauen. Ein Fotograf, ein Verleger, eine Grafikerin und eine Frau, die schon immer so etwas haben wollte wie dieses Buch, das es nur noch nicht gab. Was tun? „Dann machen wir es eben selber", sagten wir uns. Heute, zwölf Monate später, ist es da. Es ist das Buch, in dem Sie gerade die ersten Seiten aufgeschlagen haben.
Wir haben hier unsere Liebe zum Schönen und Einfachen ausgedrückt, unsere Lust am Erfinden und Erschaffen und an der Kommunikation. Wir haben unsere Talente zusammengeworfen, um Form und Inhalt in Einklang zu bringen. Um Sie zu inspirieren und Ihr inneres Lächeln herauszukitzeln, so wie der erste Sonnenstrahl am Morgen Ihre Nasenspitze berührt und Sie wachküßt.

Und wir haben uns für dieses Buch etwas Besonderes ausgedacht. Etwas Neues, noch nicht Dagewesenes. Es ist der Kern des Buches, sozusagen das Herz der Sache. Und weil das Herz einer Sache zunächst immer verborgen ist, für Außenstehende nicht sichtbar, haben wir die zwölf Aufgaben im Inneren dieses Notizbuchs verschlossen gehalten. Sie bleiben solange verschlossen, bis Sie sie – eine nach der anderen – öffnen. So wie man einen Weg geht, Schritt für Schritt, ohne hinter die nächste Biegung sehen zu können und ohne den Verlauf der nächsten Schritte genau zu kennen, so können Sie hier auf der Spur des Wesentlichen, Monat für Monat, eine neue Aufgabe entdecken. Im Lauf eines Jahres kommen Sie dann, über die Schritte eins bis zwölf, dem Wesentlichen immer näher. Alles, was Sie auf dieser Reise ins Abenteuer Leben erfahren, vertrauen Sie am besten gleich dem weißen Teil, den freien Seiten des Buchs an.

Wir wünschen Ihnen mit diesem Entdeckungsspiel viel Spaß, viele neue Kontakte, auch zu bisher verborgenen Bereichen Ihres Inneren und eine Fülle von Aha-Erlebnissen!

Isabella Sonntag   Wolf Schneider

JANUAR
Freundschaft

1 ⌊_____	11 ⌊_____	21 ⌊_____
2 ⌊_____	12 ⌊_____	22 ⌊_____
3 ⌊_____	13 ⌊_____	23 ⌊_____
4 ⌊_____	14 ⌊_____	24 ⌊_____
5 ⌊_____	15 ⌊_____	25 ⌊_____
6 ⌊_____	16 ⌊_____	26 ⌊_____
7 ⌊_____	17 ⌊_____	27 ⌊_____
8 ⌊_____	18 ⌊_____	28 ⌊_____
9 ⌊_____	19 ⌊_____	29 ⌊_____
10 ⌊_____	20 ⌊_____	30 ⌊_____
		31 ⌊_____

Wenn jetzt Januar ist, dann öffnen Sie dieses Blatt

Freundschaft
Zeit für alte Freunde und Verwandte

Wer hat sie nicht, diese eine kleine Telefonnummer im Kalender, die ein so schlechtes Gewissen macht?

Die der Großtante, die man schon seit Ewigkeiten anrufen wollte oder die der Kindergartenfreundin, mit der man sich schon lange mal wieder treffen wollte...

Jetzt ist es soweit: Diesen Monat nehmen Sie sich die Zeit für diese vergessenen alten Freunde oder Verwandten, denn **„Zeit hat man nicht, man nimmt sie sich".**
Suchen Sie sich aus Ihrem Telefonbuch zwei oder drei Nummern von Menschen aus, die Ihnen wichtig sind und die Sie seit langem vernachlässigt haben. Rufen Sie sie an!

Lassen Sie **keine vermeintlich wichtigeren Dinge** dazwischen kommen.

Wenn Sie diese Aufgabe des Monats erledigt haben, tragen Sie bitte das Schlüsselwort „Dasein" auf der Rätselseite am Ende des Buches unter Nr. 12 ein.

Mensch Sein

Wir sind spirituelle Wesen,
die eine menschliche
Erfahrung machen und
nicht menschliche Wesen,
die eine spirituelle Erfahrung
machen.

Willigis Jäger

FEBRUAR
Wandel

1 |‾‾‾‾‾‾
2 |‾‾‾‾‾‾
3 |‾‾‾‾‾‾
4 |‾‾‾‾‾‾
5 |‾‾‾‾‾‾
6 |‾‾‾‾‾‾
7 |‾‾‾‾‾‾
8 |‾‾‾‾‾‾
9 |‾‾‾‾‾‾
10 |‾‾‾‾‾‾

11 |‾‾‾‾‾‾
12 |‾‾‾‾‾‾
13 |‾‾‾‾‾‾
14 |‾‾‾‾‾‾
15 |‾‾‾‾‾‾
16 |‾‾‾‾‾‾
17 |‾‾‾‾‾‾
18 |‾‾‾‾‾‾
19 |‾‾‾‾‾‾
20 |‾‾‾‾‾‾

21 |‾‾‾‾‾‾
22 |‾‾‾‾‾‾
23 |‾‾‾‾‾‾
24 |‾‾‾‾‾‾
25 |‾‾‾‾‾‾
26 |‾‾‾‾‾‾
27 |‾‾‾‾‾‾
28 |‾‾‾‾‾‾
29 |‾‾‾‾‾‾

Wenn jetzt Februar ist, dann öffnen Sie dieses Blatt

Was schon immer so war, kann heute anders sein

In diesem Monat ist Zeit, sich von Altem zu lösen und Raum zu schaffen für Unbekanntes, Neues. Das kann die Entrümpelung des Kleiderschranks bedeuten, das Wegwerfen alter Papiere und Möbel ebenso wie das Beenden einer Beziehung, privat oder beruflich.

Wer nicht vom Weg abkommt, bleibt manchmal auf der Strecke. Nichts im Leben ist ewig.

Das Wissen um den unaufhörlichen Wandel und die stete Erneuerung gibt Ihnen Gelassenheit – und den Mut, sich auch mal von alten Gewohnheiten, überlebten Anhänglichkeiten, mitgeschlepptem Ballast zu trennen. Mut zum Aufbruch in neue Räume und Abenteuer.

Wenn Sie diese Aufgabe des Monats erledigt haben, tragen Sie bitte das Schlüsselwort „Gelassenheit" auf der Rätselseite am Ende des Buches unter Nr. 11 ein.

MÄRZ *Unschuld*

1 |_____   11 |_____   21 |_____
2 |_____   12 |_____   22 |_____
3 |_____   13 |_____   23 |_____
4 |_____   14 |_____   24 |_____
5 |_____   15 |_____   25 |_____
6 |_____   16 |_____   26 |_____
7 |_____   17 |_____   27 |_____
8 |_____   18 |_____   28 |_____
9 |_____   19 |_____   29 |_____
10 |_____   20 |_____   30 |_____
                               31 |_____

Wenn jetzt März ist, dann öffnen Sie dieses Blatt ✂

Die Welt mit Kinderaugen sehen

Wann sind Sie zuletzt auf einer Schaukel gesessen?
Wann haben Sie Ihre letzte Kastanien-Zahnstocher-Giraffe gebaut?
Wann kommt (Sie stehen wieder mal im Stau) ein Auto mit „N" auf dem
Nummernschild alphabetisch folgerichtig nach einem mit „M"?

Wenn Sie keine eigenen Kinder haben, borgen Sie sich welche
– je nach Geschmack und Nerven genügt vielleicht auch eines –
und nehmen Sie in diesem Monat einmal die Gelegenheit wahr,
die Welt durch Kinderaugen zu sehen. Je mehr Termine, Geschäfte,
Zeitdruck Sie belasten, um so wichtiger, daß Sie jetzt mal einen ganzen
Tag lang dem vermeintlich Unwichtigen ihre Aufmerksamkeit geben,
das hilft oft mehr als ein Besuch beim Therapeuten.

Tausend faszinierende Kleinigkeiten werden Ihnen
am Straßenrand begegnen. Sie sollten versuchen, über den Bürgersteig
zu gehen, ohne auf die Linien zu treten – seit Jahren schon haben Sie
sich nicht mehr mit solchen Problemen beschäftigt, wie schade!

Also: Viel Spaß beim Luftanhalten in der Badewanne, Gummibärchenschmelzen
oder was Ihnen und Ihrer Gesellschaft sonst noch einfällt!

Wenn Sie diese Aufgabe des Monats erledigt haben, tragen Sie bitte das
Schlüsselwort „Ruhe" auf der Rätselseite am Ende des Buches unter Nr. 4 ein.

Unschuld

Übe bei allem, was du tust, das Nicht-Tun.
Arbeite ohne Geschäftigkeit.
Geniesse auch das,
was ohne besonderen Geschmack ist.
Betrachte Grosses als klein
und das Viele als wenig.
Wenn dich jemand beleidigt,
zeige Freundlichkeit.
Plane das Schwierige,
solange es noch einfach ist.
Beginne mit dem Grossen,
solange es noch klein ist,
denn alles Schwierige in dieser Welt
beginnt mit Einfachem,
und alles Grosse hat einmal
klein angefangen.
Weil der wirklich Weise
nie die Absicht nach Grösse hat,
kann er seine wahre Grösse verwirklichen.
Durch voreilige Versprechungen
findet man wenig Vertrauen.
Wer die Dinge zu leicht nimmt,
bekommt grosse Schwierigkeiten.
Auch der wirklich Weise
kennt Schwierigkeiten
und stellt sich ihnen.
Eben deshalb lebt er ohne Schwierigkeiten.

Aus dem Tao Te King

Achtsamkeit

Stell Dir einen Zauberer vor, der seinen Körper
in viele Stücke zerschneidet und jeden Teil
in eine andere Richtung legt:
die Hände in den Süden, die Arme in den Osten,
die Beine in den Norden. Dann läßt er mit Hilfe
von Zauberkräften einen Schrei los, der alle Teile
seines Körpers wieder zusammenbringt.
So wirkt Achtsamkeit.

Thich Nhât Hanh

APRIL
Wahrhaftigkeit

1	11	21
2	12	22
3	13	23
4	14	24
5	15	25
6	16	26
7	17	27
8	18	28
9	19	29
10	20	30

Wenn jetzt April ist, dann öffnen Sie dieses Blatt

Wahrhaftigkeit

Ehrliche Komplimente, konstruktive Kritik

In diesem Monat ist es Ihre Aufgabe, anderen Menschen so oft wie möglich verbal mitzuteilen, was Sie über sie denken und fühlen.

Wenn Sie von einem Arbeitskollegen denken, daß es eine große Bereicherung ist, mit ihm zusammenzuarbeiten, dann sagen Sie es ihm. **Heute!**
Wenn Sie für Ihren Partner tiefe Gefühle empfinden, dann überraschen Sie ihn damit, daß Sie es ihm auch sagen. Er weiß das alles schon, weil er es spürt?

Ja, aber er (sie) will es auch hören! **Positive Aussprache ist kein Grund zur Heuchelei.** Wenn Sie Kritisches anzubringen haben, dann sagen Sie auch das, aber auf eine Weise, daß er (sie) sich ermutigt fühlt, es beim nächsten Mal anders zu machen – einfach um Ihnen einen Wunsch zu erfüllen.

Wenn Sie diese Aufgabe des Monats erledigt haben, tragen Sie bitte das Schlüsselwort „Offenheit" auf der Rätselseite am Ende des Buches unter Nr. 3 ein.

Wahrhaftigkeit

Jeder von uns
verfügt über ein Potential zur Güte,
das unsere Vorstellung übersteigt:

zum Geben,
das keinen Lohn sucht;
zum Zuhören ohne zu urteilen;
zu bedingungsloser Liebe

Elisabeth Kübler-Ross

MAI
Freiheit von Normen

1 |‿‿‿‿‿
2 |‿‿‿‿‿
3 |‿‿‿‿‿
4 |‿‿‿‿‿
5 |‿‿‿‿‿
6 |‿‿‿‿‿
7 |‿‿‿‿‿
8 |‿‿‿‿‿
9 |‿‿‿‿‿
10 |‿‿‿‿‿

11 |‿‿‿‿‿
12 |‿‿‿‿‿
13 |‿‿‿‿‿
14 |‿‿‿‿‿
15 |‿‿‿‿‿
16 |‿‿‿‿‿
17 |‿‿‿‿‿
18 |‿‿‿‿‿
19 |‿‿‿‿‿
20 |‿‿‿‿‿

21 |‿‿‿‿‿
22 |‿‿‿‿‿
23 |‿‿‿‿‿
24 |‿‿‿‿‿
25 |‿‿‿‿‿
26 |‿‿‿‿‿
27 |‿‿‿‿‿
28 |‿‿‿‿‿
29 |‿‿‿‿‿
30 |‿‿‿‿‿
31 |‿‿‿‿‿

Wenn jetzt Mai ist, dann öffnen Sie dieses Blatt

Freiheit von Normen

Zu sich stehen, egal, was die anderen denken

Was würden Sie tun, wenn Sie dürften?
Würden Sie sich nach dem Einkauf, mit müden Beinen an der Bushaltestelle
– keine Bank weit und breit – einfach auf den Boden setzen?
Würden Sie sich trauen, Ihr Auto in wilden Farben bunt anzumalen?
Haben Sie den Mut, in der Gemeindeversammlung, im Elternbeirat,
in geschäftlichen Meetings zu sagen, was Sie denken?

Was würden Sie tun, wenn alles erlaubt wäre – alles, was niemandem wehtut
und keinem schadet (vom Schock der Humorlosen mal abgesehen)? Tun Sie es!

Üben Sie Gleichgültigkeit gegenüber denen, die Ihnen solche Freiheiten
übelnehmen, weil sie vielleicht selbst nicht den Mut dazu haben.

Wir leben nur einmal. Und selbst wenn wir mehrfach leben sollten,
wäre das kein Grund, uns so etwas zu mißgönnen.

Wenn Sie diese Aufgabe des Monats erledigt haben, tragen Sie bitte
das Schlüsselwort „Gleichgültigkeit" auf der Rätselseite am Ende des Buches
unter Nr. 1 ein.

JUNI
Der Körper

1
2
3
4
5
6
7
8
9
10
11
12
13
14
15
16
17
18
19
20
21
22
23
24
25
26
27
28
29
30

Wenn jetzt Juni ist, dann öffnen Sie dieses Blatt

Lust, das körperliche Potential zu spüren und auszuweiten

Der Körper

Nehmen Sie sich in diesem Monat vor, so oft wie möglich körperlich etwas zu tun. Etwas, das Sie schon gedanklich beflügelt.

Warum auch immer Sie das bisher trotzdem nicht getan haben, spielt keine Rolle. Jetzt hat diese Aktivität Platz, jetzt bekommt sie Raum. Bewegen Sie sich einen Tick mehr als sonst. Das kann Holzhacken sein, Badminton oder eine Probestunde im Fitneßstudio – diesen Monat ist die Zeit dafür!

Vielleicht war Fallschirmspringen schon immer Ihr Traum?

Jetzt ist es Zeit, lang gehegte Träume auszuleben und dabei die eigenen körperlichen Grenzen zu spüren – und wenn es guttut, sie auch auszuweiten. So führen auf spielerische Weise neue Erlebnisse zu neuen Ergebnissen.

Wenn Sie diese Aufgabe des Monats erledigt haben, tragen Sie bitte das Schlüsselwort „Selbstvertrauen" auf der Rätselseite am Ende des Buches unter Nr. 7 ein.

JULI
Sinn des Lebens

1	11	21
2	12	22
3	13	23
4	14	24
5	15	25
6	16	26
7	17	27
8	18	28
9	19	29
10	20	30
		31

Wenn jetzt Juli ist, dann öffnen Sie dieses Blatt

Sind Sie glücklich?

Fragen Sie ein paar Freunde oder Bekannte – oder auch mal einige Ihnen (bisher) fremde Menschen – ob sie glücklich sind.
Hören sie dabei nicht nur auf die Worte, sondern auch auf die Stimme der Antwortenden. Heucheln sie? Sind sie ehrlich?

Dann fragen Sie sich selbst: Bin ich glücklich?

Habe ich das, was für mich das Leben lebenswert macht? Wenigstens sich selbst brauchen Sie nichts vorzumachen. Haben Sie gefunden, wofür es sich lohnt zu leben? Wenn nicht: Sind Sie wenigstens auf dem Weg dorthin? Ab und zu mal schonungslos Bilanz ziehen, ob Sie noch auf der richtigen Spur sind, lohnt sich, auch wenn eine ehrliche Antwort auf solche Fragen ganz schön konfrontieren kann.

Wenn Sie diese Aufgabe des Monats erledigt haben, tragen Sie bitte das Schlüsselwort „Ernsthaftigkeit" auf der Rätselseite am Ende des Buches unter Nr. 9 ein.

Unsichtbare Wahrheit Ich habe dem Kind die Sterne gezeigt; und es sah sie in der Nacht. Aber am Tage kam es wieder hervor und sah sie nicht mehr. Da warf es mir vor, daß ich ihm etwas gezeigt hätte, das es nicht gibt: Und ich sehe doch deutlicher als vorher, und bis zum fernen Rand der Bäume.

Ludwig Hohl

AUGUST
Ausdruck

1 |_____ 11 |_____ 21 |_____
2 |_____ 12 |_____ 22 |_____
3 |_____ 13 |_____ 23 |_____
4 |_____ 14 |_____ 24 |_____
5 |_____ 15 |_____ 25 |_____
6 |_____ 16 |_____ 26 |_____
7 |_____ 17 |_____ 27 |_____
8 |_____ 18 |_____ 28 |_____
9 |_____ 19 |_____ 29 |_____
10 |_____ 20 |_____ 30 |_____
                             31 |_____

Wenn jetzt August ist, dann öffnen Sie dieses Blatt ✂

Ausdruck

Kreativ sein: zwecklos, aber lustvoll

Diesen Monat dürfen Sie sich einmal kreativ austoben, ganz ohne Ziel oder Zweck. Wollten Sie nicht schon immer mal ein Bild malen, sind aber an dem mangelnden Glauben an Ihr Talent gescheitert?

Wie wäre es damit, Ihrem Keyboard, Ihrer Trommel oder Flöte ein paar eigene Töne und Rhythmen zu entlocken? Haben Sie schon immer mal daran gedacht, wie gerne Sie Strohsterne basteln würden oder eine Skulptur bauen, wenn Sie nur mehr Zeit dazu hätten? Tun Sie es!
Schreiben Sie sich einen Tag oder einen Nachmittag oder auch nur einen Abend in Ihren Terminkalender, als wäre es ein geschäftlicher Termin – sonst ist die Gefahr des Verdrängens zu groß.

Und dann legen Sie los: Fühlen Sie den Ton zwischen Ihren Fingern, vergnügen Sie sich ganz nach Laune mit Farbe und Pinsel, klimpern oder singen Sie nach Herzenslust drauf los – was auch immer Ihnen Spaß macht.
Versteifen Sie sich dabei nicht darauf, ein großartiges Kunstwerk zu fabrizieren.

Die Lust kommt mit dem Tun, das Können mit dem Machen

und der Spaß dabei ist allemal wichtiger als die Vorzeigbarkeit des Ergebnisses. Wer weiß, vielleicht sind Sie danach selbst überrascht über den kleinen Picasso oder den Barden in Ihnen.

Wenn Sie diese Aufgabe des Monats erledigt haben, tragen Sie das Schlüsselwort „Gleichwertigkeit" auf der Rätselseite am Ende des Buches unter Nr. 2 ein.

Wer festhält, verliert es.

Wer loslässt, gewinnt es.

Wer zwingt, zerstört es.

Wer sein lässt, bewahrt es.

Veden

SEPTEMBER
Natürlichkeit

1 |_____   11 |_____   21 |_____
2 |_____   12 |_____   22 |_____
3 |_____   13 |_____   23 |_____
4 |_____   14 |_____   24 |_____
5 |_____   15 |_____   25 |_____
6 |_____   16 |_____   26 |_____
7 |_____   17 |_____   27 |_____
8 |_____   18 |_____   28 |_____
9 |_____   19 |_____   29 |_____
10 |_____ 20 |_____   30 |_____

Wenn jetzt September ist, dann öffnen Sie dieses Blatt ✂

Den Atem des Daseins hereinlassen

Diesen Monat verbringen Sie so oft wie möglich in der Natur.
Halten Sie am Wegesrand, um das Lichterspiel der Sonnenstrahlen
in einem Spinnennetz zu bewundern. Den Nebel, wie er aus dem Tal heraufzieht.
Die schlanke Schönheit des Grashalms – so dünn, so stark.
Das Zwitschern und Trällern der Lerche hoch über der Sommerwiese.

**Freuen Sie sich auch an Dingen, die scheinbar
nutzlos sind.** Ihr inneres Organ für das Schöne hilft Ihnen zu erkennen,
daß Sie selbst Teil dieser Schönheit sind, die Sie in der Natur so oft bestaunen.

Und so wie ein Bild oder Naturschauspiel, das Sie bewundern, Tiefe und Kontrast
braucht, um wirklich schön zu sein, so braucht auch Ihr Leben die Tiefpunkte
als Kontrast gegenüber den Höhen.

Wenn Sie diese Aufgabe des Monats erledigt haben, tragen Sie bitte
das Schlüsselwort „Selbstakzeptanz" auf der Rätselseite am Ende des Buches
unter Nr. 5 ein.

Natürlichkeit

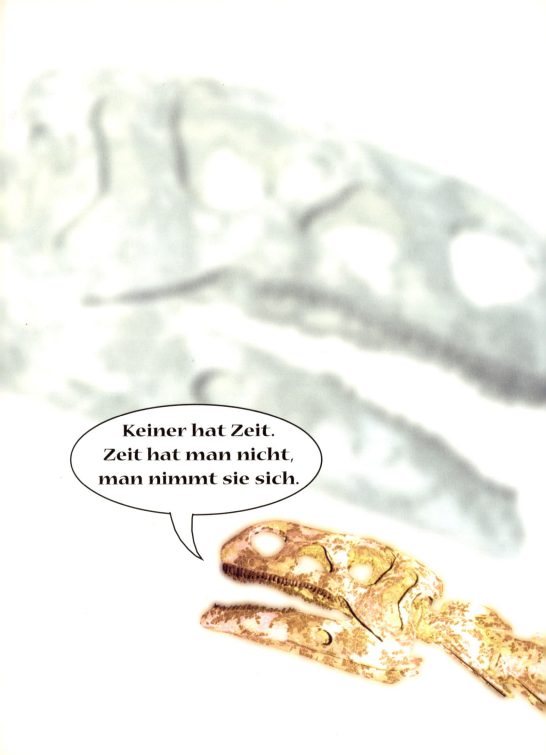

OKTOBER
Langsamkeit

1 |_____
2 |_____
3 |_____
4 |_____
5 |_____
6 |_____
7 |_____
8 |_____
9 |_____
10 |_____

11 |_____
12 |_____
13 |_____
14 |_____
15 |_____
16 |_____
17 |_____
18 |_____
19 |_____
20 |_____

21 |_____
22 |_____
23 |_____
24 |_____
25 |_____
26 |_____
27 |_____
28 |_____
29 |_____
30 |_____
31 |_____

Wenn jetzt Oktober ist, dann öffnen Sie dieses Blatt ✂

Langsamkeit
Kleinigkeiten beachten

Wählen Sie diesen Monat ein paar Tätigkeiten und Gesten aus, die Sie oft achtlos, schnell oder routiniert ausführen und geben ihnen neue Aufmerksamkeit.

Binden Sie Ihre Schuhe am Morgen einmal so langsam, daß Sie dabei jede einzelne Bewegung wahrnehmen. Stecken Sie den Schlüssel oder Zündschlüssel so langsam ins Schloß, daß Sie noch realisieren können, wie gut das eine zum anderen paßt.

Füllen Sie alte Gesten mit neuem Sinn:
den Händedruck bei der Begrüßung, die Umarmung zum Abschied, ein kleines (unzeitgemäßes) Geschenk, eine mit Bedacht ausgewählte Aufmerksamkeit – Ihre Mitmenschen werden sich wundern, welche Wärme und Herzlichkeit plötzlich in Sie gefahren ist.

„Schenken Sie die Blumen Ihren Lieben nicht erst, wenn sie tot sind."

Wenn Sie diese Aufgabe des Monats erledigt haben, tragen Sie bitte das Schlüsselwort „Achtsamkeit" auf der Rätselseite am Ende des Buches unter Nr. 10 ein.

ES GIBT KEIN GLÜCK!

Es gibt nur glückliche Augenblicke

NOVEMBER
Bewußtsein

1 |_____
2 |_____
3 |_____
4 |_____
5 |_____
6 |_____
7 |_____
8 |_____
9 |_____
10 |_____

11 |_____
12 |_____
13 |_____
14 |_____
15 |_____
16 |_____
17 |_____
18 |_____
19 |_____
20 |_____

21 |_____
22 |_____
23 |_____
24 |_____
25 |_____
26 |_____
27 |_____
28 |_____
29 |_____
30 |_____

Wenn jetzt November ist, dann öffnen Sie dieses Blatt ✂

Gewohnheiten und Süchte beherrschen

In diesem Monat werden Sie Gewohnheiten und Automatismen auf den Zahn fühlen und ihnen ihren Zwangscharakter nehmen.

Heute mal anstelle von Fernsehen, Chips und Bier einen Spaziergang machen. Morgen statt der Schokolade einen Apfel essen oder Mineralwasser statt Kaffee.

Sie haben Ihr Leben in der Hand, nicht das Leben Sie.

Es tut gut, sich dessen bewußt zu sein, sich selbst bewußt zu sein: Selbstbewußtsein.

Bewußtsein

Auch Verwöhnung und Trägheit sind selbstgemacht, ebenso wie die Freiräume, die Sie sich geschaffen haben. Und körperliche Gewöhnung und Trägheit gehen mit der geistigen Hand in Hand.

Wenn Sie diese Aufgabe des Monats erledigt haben, tragen Sie bitte das Schlüsselwort „Selbstbewußtsein" auf der Rätselseite am Ende des Buches unter Nr. 6 ein.

Die Kunst des Ausruhens
ist ein Teil der Kunst
des Arbeitens.

John Steinbeck

DEZEMBER
Innehalten

1 |_____
2 |_____
3 |_____
4 |_____
5 |_____
6 |_____
7 |_____
8 |_____
9 |_____
10 |_____
11 |_____
12 |_____
13 |_____
14 |_____
15 |_____
16 |_____
17 |_____
18 |_____
19 |_____
20 |_____
21 |_____
22 |_____
23 |_____
24 |_____
25 |_____
26 |_____
27 |_____
28 |_____
29 |_____
30 |_____
31 |_____

Wenn jetzt Dezember ist, dann öffnen Sie dieses Blatt ✂

Das Wesentliche spüren. Es gibt mich!

In diesem Monat versuchen Sie immer mal wieder, im Alltag einige Minuten innezuhalten, um zu spüren, daß Sie wirklich leben:

„Es gibt mich!" – „Ich bin da!"

Vertrauen Sie sich dem Fluß dessen an, was für Sie das Leben ausmacht, dem „Flow". Diesem Kribbeln und Fließen, wenn einfach alles stimmt, wenn alles sich ineinanderfügt.

Wenn die Teile zum Ganzen werden und das Eigentliche, Wesentliche sich zeigt. Schöpfen Sie daraus Ruhe, Konzentration und Kraft.

Gönnen Sie sich diese Pausen – oder Aktivitäten! – gerade in den Momenten, in denen Sie glauben, keine Zeit dafür zu haben.

„Zeitmangel" ist eine der Finten des Teufels, um Sie vom Wesentlichen abzuhalten. Zeit gibt es nicht, Zeit ist immer.

Nutzen Sie sie. Halten Sie inne.

Wenn Sie diese Aufgabe des Monats erledigt haben, tragen Sie bitte das Schlüsselwort „Präsenz" auf der Rätselseite am Ende des Buches unter Nr. 8 ein.

Was ich jetzt sehe, ist schon woanders.

Was ich jetzt höre, ist schon verklungen.

Was ich jetzt rieche, ist der Duft der Vergangenheit.

Was ich jetzt schmecke, ist fast verdaut.

Was ich jetzt spüre, ist schon vorbei.

Was ich JETZT wahrnehme, ist LEBEN.

Ulrich Mohr

DAS RÄTSEL UMS WESENTLICHE

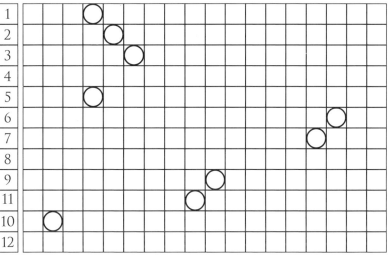

Hier die Schlüsselworte, die unter den Monatsaufgaben stehen, an den richtigen Stellen eintragen. Bitte beachten: ß=ss!

LÖSUNG

Einfach der **richtigen** Zahlenreihenfolge nach die Buchstaben in den markierten Feldern im nachfolgenden Lösungsfeld eintragen.

Die Lösung auf einer Postkarte notieren und an folgende Adresse schicken:
Wu-Wei-Verlag · Postfach 1517 · D-82144 Planegg

Das Leben steckt voller Überraschungen!

Na, 10 und 11 vertauscht? Kann schon mal vorkommen. Es ist aber hilfreich,
wenn Sie sich in Zukunft mehr auf Achtsamkeit besinnen, auf das, was gerade wesentlich ist...